Todas las formas de volar

Todas las formas de volar

Lena Victoria

Círculo Rojo
EDITORIAL

Primera edición: marzo 2024

Depósito legal: AL 627-2024

ISBN: 978-84-1061-914-2

Impresión y encuadernación: Editorial Círculo Rojo

© Del texto: Lena Victoria
© Maquetación y diseño: Equipo de Editorial Círculo Rojo

Editorial Círculo Rojo
www.editorialcirculorojo.com
info@editorialcirculorojo.com

Impreso en España — Printed in Spain

El papel utilizado para imprimir este libro es 100% libre de cloro y por tanto, **ecológico**.

PARTE 1

Volar son los crepúsculos nublados.
Volar es el viento que arrastra temores pasados.
Volar es caer, herirse y romperse en mil pedazos.

Volar es el terror de la caída

Como el rumor de la marea
coronada de espuma
que se encrespa y refleja
la luminiscencia diurna,
desprendida del astro dorado
que se retira, moribundo,
a su lecho nublado
del occidental margen del mundo,
dejando en la sombra las mareas
y el flujo de olas agitadas,
avanzando sobre las blancas arenas
hasta perecer en orillas lejanas.

Así de eterno y de efímero
fue el instante fugitivo
en que atisbé en tu mirada
los designios que ella ocultara
y se tornaron en certeza
los augurios de tristeza,
las sombrías sospechas
y recelosas reservas,
poblando mi corazón
de pena y aflicción,
de fantasmas de horrores
e innominados temores.

Como una tormenta invernal
ataviada de noche
que se desliza, espectral,
oscureciendo con su roce
y exhalando tronantes rugidos

en la quietud del silencio
roto por los bramidos
de terror y de miedo
que dejan caer sobre el mundo
de lágrimas un reguero
nacidas en el llanto profundo
de la oscuridad de su seno.

Así de atroz y terrible
fue el dolor intangible
que sentí al quebrarse el lazo
que nos prendieras antaño
y adoptara tu expresión
la forma de mi terror
al abandonarme a mi suerte,
magullada de muerte,
con el puñal en la herida
infectada y podrida
y las palabras no dichas
flotando entre mis cenizas.

Como los vientos huracanados
que exhalan graves rugidos
y vociferan improperios velados
hiriendo tus oídos
con el bramar de los tiempos
que te aplasta bajo su peso
y te arrastra errores funestos
y culpas de otro tiempo
que en tu mente en bucle se repiten,
escondidos en sombríos recovecos,
hasta que pensar ya no te permiten,
pues tus juicios son solo sus ecos.

Así de espantosas y horrendas
sonaron las fuertes risotadas
que abrieron en mi corazón
heridas de lenta curación,
pues aun cuando las burlas y canciones
eran solo invenciones,
se acabaron infectando,
del todo nunca sanando,
creciendo sin prisas
hasta fingir todas las sonrisas,
quedando por dentro magullada
con la culpa bien arraigada.

Volar es el dolor de la herida

La semilla que plantaras
la llevé dentro largo tiempo,
pues crecía conforme lo hacía mi miedo
y se alimentaba del remordimiento,
ese que antaño se sembrara
entre mis dispersos fragmentos
y me susurrara al oído
tratando de hacerme sentir menos
mientras, sin yo suponerlo,
su retoño florecía en secreto.

Ignoraba yo, pues, su existencia
y continué andando por mi senda
reparando en que contigo no coincidiera,
pensando que así se curaba la pena,
mas el tiempo pasaba
y yo vagaba con él,
pero marchaba a trompicones
vigilando siempre las sombras
que dibujaba en la maleza
de la aparente calma nunca satisfecha.

Comprendí entonces que el problema
se hallaba mucho más cerca
y al fin hallé en mi interior
el vástago de mi temor,
pero esa deforme criatura
era el reflejo de mi locura
y, al herirla, fue mi sangre
la que vino en respuesta,
pues aunque tú ya te habías ido,
tu voz perduraba en mi cabeza.

Volar es el fantasma de la culpa

La culpa es un engendro monstruoso
de pesares y remordimientos,
de capricho espantoso
e implacables tormentos,
pues ella es un corazón roto
y la sutileza de los martirios,
ella es la verdad de lo remoto
y la fragancia de los delirios,
ella es como tu sombra,
ella nunca te abandona.

La culpa marchita la entereza,
enferma todo cuanto toca,
languidece la fuerza,
la mente de pena sofoca,
trae fantasmas del pasado
tornados desvaríos de locura,
pues ella es un susurro malvado
que desmorona toda cordura,
ella es una pasajera pesadilla
que la aurora no disipa.

La culpa es un nido de aves
apostado en la profundidad de la mente,
inundado de cantos dulces y suaves
que encierran susurros de muerte,
pues gorjean tus temores,
las sombras de tus recuerdos,
y te hacen revivir los horrores
que creíste meros espectros,
cerrando la puerta al olvido,
pero sin echar el postigo.

La culpa es un fardo pesado
atestado de rocas y piedras
sobre los hombros echado,
llevado por empinadas laderas
de pendientes escarpadas
al precipicio abiertas,
sin treguas ni paradas,
solo colinas desiertas,
con la fatiga instalada en el cuerpo
y en la mente la noche siempre al acecho.

Volar es la sombra del pasado

Una suave brisa
ondulaba la hierba
mecida sin prisa
en la verde pradera,
salpicada de rocíos
de las corrientes
de plateados ríos
que corrían rugientes,
nacidos en las laderas
de altas montañas,
de inalcanzables fronteras
y cimas acendradas
que rociaba en un baño de oro
el pálido sol del otoño.

Un entresijo borroso
de sombras y luces
se arremolinaba tormentoso
en los cielos y sus cruces,
pues ya los rayos del astro
se retiraban a su aposento
dejando un etéreo rastro
de color en el firmamento,
alargando las tinieblas
que extendían su manto
de oscuras nieblas
que alargaban la mano
oscureciendo con su caricia
toda lumbre subrepticia.

Las sombras ya maduraban
y la noche bullía de inquietudes,
pues las estrellas se ocultaban
tras el caleidoscopio de nubes
que dispersaban los vientos
como sueños fugitivos
y tornaban en sufrimientos
de pesadillas de martirios,
atándote a los espantos
hasta que regreses a la vigilia
o la espanten los rayos
de las primeras luces del día,
que borrarán de la cúpula de los cielos
todo rastro de tinieblas y desasosiegos.

Se alcanzaban y sucedían
en gloriosa armonía
la noche y el día
y de nuevo oscurecía.

Pero yo en ello no reparaba,
sumergida en las mareas de la pena,
pues el oleaje hasta el cielo se elevaba
y yo solo alcanzaba a ver la tristeza.

Los días vinieron y pasaron,
en meses se transformaron
y estos, al final, se sucedieron
hasta que en años se tornaron.

Pero yo seguía ignorando mis heridas
tratando de evadirme de la aflicción,
concentrando en otros objetivos mis fuerzas
hasta que ello se volvió una obsesión.

Volar son las cadenas de la dependencia

Quise ignorar cuanto me dijeran
sobre la honradez de tus intenciones,
aun cuando me advirtieran
la inutilidad de mis acciones,
te acoplaste a mi mundo
mientras este se caía a pedazos,
te sostuviste en mis pilares
mientras los azotaban vientos pasados,
hasta que se tornaron en un despojo
que moldeaste a tu antojo.

Quise desentenderme de tu presencia,
mas mi amistad para ti era ya una constante,
me comporté con indiferencia,
no advertiste mi manera distante,
traté de alejarme
y seguiste mis pasos,
intenté explicarme
y los resultados fueron escasos,
creíste que a ambas nos podía sostener,
pero eso las personas no lo puedan hacer.

Pronto, la situación se tornó asfixiante
no pudiendo estar en soledad
ni alejarme de ti siquiera un instante,
hasta que no aguanté más la ansiedad
y traté de explicarme,
mas cuando te dije que pararas,
no pudiste escucharme,
esperé que lo captaras
y todo lo que conseguí
fue no poder separarme de ti.

Empecé a perder los estribos,
dejé de aparentar que todo funcionaba,
no pude intentar hacer nuevos amigos,
toda relación nunca prosperaba,
adoptaste mis sueños
viéndome como a una hermana,
marcaste mis pensamientos,
tomaste todo lo que amaba,
creíste que era lo que yo deseaba,
mas no pudiste andar más errada.

Quise que todo acabara,
mas seguiste haciendo como si nada,
traté de que me dejaras,
creo que, en realidad, yo no te importaba,
empezaste a quitarme lo poco que era mío,
lo adaptaste según tus propios designios,
me dejaste vacía, y solo quise gritarte:
—¡No quiero una sombra, yo quiero una amiga!
Pero el error fue mío al suponer
que mi voz aún era mía.

Volar es el aislamiento de la soledad

Hay un camino que corre por la maleza
serpenteando entre los árboles
por las empinadas laderas
de colinas boscosas
y por los valles sombríos
cuajados de arroyos y ríos.

El sendero corre infatigable,
se ondula y se ensancha
hasta llegar a las mesetas
y los páramos verdes
de unas fértiles tierras
e inmensas praderas.

Prosigue su marcha
atravesando los campos de oro
hasta perderse en terrenos rocosos
salpicados de cuevas y grutas
que se adentran bajo las peñas,
en cavidades bajo tierra.

El sendero cruza las ciénagas
y vadea lagunas y riachuelos,
corre entre ríos que saltan
hasta caer formando cascadas,
bordea inmensos acantilados
al océano abiertos.

El sendero traspasa desiertos
baldíos y yermos,
se adentra en zonas inhóspitas

de abruptas pendientes,
recorre millas y millas
de roca candente.

El sendero avanza
y no se detiene,
no se entrecruza
y nunca te pierdes,
pero caminas solo
y solo te sientes.

Gozoso retiro
para corazones abrumados
que buscan aislarse del mundo
y de los pesares arrastrados
y sienten dicha en la calma
aun cuando la soledad siempre te acompaña.

Tal vez este sea tu deseo,
mas antes debo advertirte
que, una vez emprendes el viaje,
regresar no es posible
y las heridas ya no duelen,
pero no por ello se disuelven.

Yo emprendí una vez esa marcha
ignorando las penas latentes,
cerrando el corazón a los males,
pero también a los deleites,
anhelando la compañía de un amigo,
pero cercando el corazón con postigo.

Poco a poco, fui siendo ignorada,
no despreciada ni rechazada,
sino limitada por las cadenas
que mi corazón amarraran,
esas que me protegieran de las sombras,
pero ahuyentaran las luces del alba.

Porque la soledad puede ser la cura
y también la dolencia,
puede ser la brisa marina
y los vientos que golpean a tu puerta,
puede ser el brillo del amanecer en las olas
y el silencio de un sepulcro bajo las estrellas.

Volar son los males de la evasión

Vagué largo tiempo hundida y vacía,
aborreciendo la soledad,
ahuyentando la compañía,
en pos de un ancla que me atara
de vuelta a la realidad,
de vuelta a la vida.

Lo pagué con mi mente,
que al fin cayó extenuada,
saturada con la faena,
que era lo único que me importaba,
cansada de trabajar día y noche,
sin satisfacer mis demandas.

Lo pagué con mi cuerpo,
que al fin se desplomó desmayado,
fatigado de nunca llegar
a saciar un imposible ideal
que pensaba que alcanzaba
justo antes de volver a empezar.

Pues la evasión es el peor mal
que puede infectar una herida
porque un corte no se cierra
poniendo una tirita
y el corazón nunca sana
si el cuerpo cae de fatiga.

Pues la evasión es una tormenta estival
que inicia con cálidas brisas
que se tornan en la tempestad

de nubes y ventiscas
cargadas de todas esas mentiras
que alimentan tus pesadillas.

Volar es la esclavitud de la obsesión

Los arroyos cristalinos
resplandecían bajo el sol de la mañana
y serpenteaban por el bosque
hasta entretejerse con el alba,
en las plácidas aguas
de una laguna de plata.

Los pálidos rayos
teñían sus ondas de dorado,
mecidas por la brisa
en un oleaje calmado
que se deslizaba hacia las orillas
y besaba las arenas blanquecinas.

Mas sucedió en una noche sombría
de insondable negrura
que el mal reptó hasta la orilla
y corrompió la laguna
emponzoñando las aguas
con tormentas de desgracias.

Abrieron entonces una brecha
en las paredes de roca
que retenían las aguas
antes de saltar por la borda
para extraer de la corriente lóbrega
la fétida y putrefacta carroña.

Mas en vano lo intentaron,
una prueba tras otra,
pues las aguas seguían infestadas

y cada vez que eran liberadas,
más se agrupaban las tinieblas
y su halo de terrores y miserias.

Al fin cesaron en su empeño
de tratar de liberar del mal la laguna,
pero esta ya era solo agua estancada
y emanaba retazos de negrura
y en su interior bullían los temores
en pesadillas de oscuros horrores.

Pues es un error
liberarse así de la desdicha
extrayendo del cuerpo todo el peso
para arrojarlo fuera de la vista,
pensando que de ello no se sufre
y que se sale airado e inmune.

Pues la felicidad no se somete
y rehúye las ataduras,
incapaz de ceñirse
a las estancias oscuras
de un cuerpo vacío,
de flujo sombrío.

Pues con el peso perdido
se van el gozo y la dicha,
se van las fragancias del ahora
y el resplandor de las luces del día,
se van los sueños e ilusiones
que llenan la vida de colores.

Volar es el horror del abandono

Aún ahora me despierto en la noche
con el rostro crispado de miedo,
envuelta en fríos sudores
y con el temblor sacudiendo mi cuerpo,
pues aún ahora recuerdo
las noches que pasé sola y aislada,
cuatro meses funestos
que me dejaron de heridas cargada.

Fracasé en mi labor
de purificar de nuevo la laguna,
no pudiendo curar
las aguas de locura,
así que fui enviada
para sanar el cuerpo y el alma
a un paraje apartado de todo,
donde la aflicción encuentra su causa.

Pero no alcancé la expectativa,
me quedé a mitad del trayecto
sanando el cuerpo deprisa,
sufriendo el corazón en silencio,
recuperando la sonrisa,
aguantando el llanto con fuerza,
fingiendo sentir la alegría
mientras por dentro perecía.

Hubo risas compartidas,
miradas de entendimiento,
personas que, como yo,
buscaban su camino,

pero portaban una luz
que a todos alumbraba,
una luz de amor y cariño
dorada como el alba.

Pero también hubo dolor
y torrentes de lágrimas
e instantes de desazón
que me encontraron aislada,
acompañada de noche y de día,
pero, en verdad, abandonada,
sola con mis demonios
y los horrores que me susurraban.

Pues hubo noches tenebrosas
de tormentas rugientes
con los truenos retumbando
y los rayos rasgando las nubes
y los fantasmas de mis temores
liberados de toda atadura
extendiendo su manto
de terror y locura.

Volar es la carga de la mentira

La lluvia no cesa en su caída
al refugiarte bajo un saliente
y no amanece más temprano
al prender en la noche una lumbre,
no abandona el viento su soplo
al esconderte tras una pendiente
y aun manipulando los malos recuerdos,
el pasado inamovible permanece.

La felicidad funciona de manera semejante:
no puede ser forzada ni simulada,
no es una brisa que sople constante
y ningún disfraz asemeja su llamarada,
pues la felicidad son los rayos de la aurora,
la música latente en una risotada,
los matices del cielo tras la tormenta
y el calor de un abrazo bajo la noche estrellada.

Por ello no logré dar la talla
ni mantener mucho tiempo la farsa
aun devuelta a la calidez de mi casa,
libre de buscar de todo la causa,
pues se rompió en pedazos la máscara,
olvidé el papel que representaba,
del ensayado disfraz fui despojada
y mi rostro se crispó de lágrimas largo tiempo aguantadas.

PARTE 2

Volar es una noche de horrores y miedo.
Volar es el terror de un mal sueño.
Volar es sangrar, padecer y hundirse hasta el suelo.

Volar es la enfermedad de la pena

He sentido su marcha
como una parte del alma
que me arrancaran despacio
hasta infectarse la herida
y quedar muerta y vacía,
cual abandonada crisálida,
deshecha, funesta,
despojada de luz y de vida,
remando a contracorriente
en aguas removidas.

He sentido el color
dejar mi rostro en la sombra
y la faz de mi expresión
perder todo amago de sonrisa,
como el fulgor de los candiles
que antaño alumbraran mi mirada;
ahora, su verde resplandor
solo refleja lobreguez y vacío
y las tenebrosas cavidades
que se han instalado en su seno sombrío.

Volar es la ansiedad del desespero

Calma frágil y moribunda
la que precede a la pena
como un sueño que se escapa
entre las grietas de la inconsciencia,
como una nube vaporosa
que el viento se lleva
o un susurro en boca de muchos
que nadie no recuerda.

Pues la tranquilidad es tan voluble
cuando se vive en un mar de tristeza
como flotar en medio de una balsa
que se desmorona y se agrieta,
como luchar contra la corriente
cuando te menguan las fuerzas
o retener el agua en las manos
mientras se escurre entre los dedos.

Pues la oscuridad es caprichosa
y obra según sus designios secretos
y en la quietud de la noche
te arrastra a sus aposentos,
donde el terror tiene forma
y el silencio grita incoherencias
y la luz del día perece en leyenda
que, al cabo, se disipa en la niebla.

Volar es la parálisis del miedo

No temo al azulado caballero
de regia armadura
ni a su espada de hierro
que disipa la negrura.
No temo a su yelmo que coronan
penachos de blanco inmaculado
ni a los destellos que roban
las prendas de su acorazado.
No temo al resplandor que desprende
como una lumbre en las tinieblas
que deja una estela incandescente
cual faro alumbrando las nieblas.

A quien temo es a su montura,
corcel de pardo pelaje
y a su feroz hermosura
al precipitarse bajo el celaje
y al retumbar de su raudo galope
al adentrarse súbitamente,
rugiendo cual viento que sople
en medio de la batalla y la muerte
y a los relinchos que se elevan
entre el fragor de las armas
como una gesta de guerra
compuesta por la melodía de las almas.

Así que, no; no temo a la ola
aún en aguas revueltas
ni a la espuma que corona
las embravecidas mareas
arrastrándome más y más dentro,

a merced de la corriente,
hundiendo mi cuerpo
en la vorágine furiosa y rugiente.
A quien temo es a la arena
que me agarra con fuerza
y mi corazón encadena
frente al mar de mi tristeza.

Volar es el pavor de las pesadillas

Muda la noche,
callado el silencio.
Aunque ninguno me hable,
a su voz tengo miedo.

Pasajera la pena,
fugitivo el sufrimiento.
Aunque ninguno es infinito,
no me acerco a su término.

Etérea la muerte,
informe el dolor.
Aunque ninguno tiene forma,
los siento a mi alrededor.

Ruidosa la noche,
estruendoso el silencio.
Si ninguno me habla,
¿por qué me dan tanto miedo?

Profunda la pena,
insondable el sufrimiento.
Si ninguno es infinito,
¿por qué no alcanzo su término?

Regia la muerte,
tangible el dolor.
Si ninguno tiene forma,
¿por qué los siento a mi alrededor?

Volar es el tormento del pesar

Brillante el resplandor
del pálido sol de la mañana
que traza un luminoso sendero
por el lienzo del firmamento
y refleja sus rayos de oro
en los rocíos del alba
tendidos sobre la hierba
enhiesta y ondulada,
mecida por los vientos
que arrastran susurros de sueños
y suaves fragancias
de flores de intenso escarlata
como los tonos del cielo
al alcanzar el día su término
o la sangre que emana
de la herida en mi alma.

Revueltas las aguas
del mar embravecido
de ondulada superficie
salpicada de olas
que se precipitan furiosas
sobre las blancas arenas
coronadas de espuma
como las nieves lejanas
y avanzan bramando
hacia las anchas orillas
y los acantilados escarpados
hasta estrellarse contra las rocas
con un rugido de cólera,
como los aullidos de la noche cerrada

o el clamor de lamentos
que en mi cabeza se repiten sin pausa.

Oscura la noche
de densos nubarrones
que ocultan el fulgor de la luna
y las estrellas palpitantes
y se extienden sobre el mundo
como un manto de negrura insondable,
sumiendo la tierra en las sombras
y en las tinieblas cambiantes
que se deslizan reptando,
precedidas de horror y de muerte,
con ojos teñidos de llamas
y ataviadas de pesadilla latente,
como sombríos espectros
venidos de ultratumba,
portadores de los pavores
que a mi corazón han dejado en penumbra.

Volar es el llanto de la tristeza

En las blancas cúspides
de las altas montañas,
por las nubes besadas
y donde el sol se posaba,
nacía un río de plata
de aguas cristalinas
que reflejaba los rayos
de una aurora dorada.

Por las escarpadas laderas
se deslizaba sinuoso,
acariciando la faz
de su lecho rocoso,
bordeado por los juncos enhiestos
que la brisa ondulaba
en las verdes riberas
que al torrente circundaban.

Entre los bosques frondosos
se precipitaban las aguas
serpenteando entre los árboles
y saltando en cataratas,
llenando el silencio
con suaves rumores
y el aire de aromas
de las acuáticas flores.

En los días soleados,
el río de oro se teñía
reflejando los rayos
que la mañana desprendía

en un remolino de luces
y centellas cambiantes
formando constelaciones
sobre las aguas brillantes.

Pero en los días tormentosos,
con el cielo encapotado de nubes
que extendían sus mantos nocturnos
sobre la extensión de los bosques,
el río se cubría de sombras
y arremolinadas tinieblas
como la oscuridad del firmamento
al hallar el día su término.

Entonces, liberaba el cielo su llanto
en sollozos tronantes
y del seno de su quebranto
caía la lluvia a raudales
y el río se tornaba caudaloso,
rugiendo y bramando furioso
hasta desbordarse sus márgenes
en gruesos lagrimales.

De esta forma sucede
un ataque de llanto,
al principio, lento y plácido
como en un día soleado,
pero despertando en la tempestad
en fuertes sollozos,
desbordada la pena
y el tormento desatado.

Volar es el rojo de desesperanza

Marcado sobre la faz de mi brazo
se halla un mapa del cielo lejano,
de sus estrellas y galaxias,
de su luz y sus sombras,
de sus remolinos de aurora
y su niebla de nebulosa.

En mi mapa del cielo
puedo ver las formas del firmamento,
su ancha bóveda de tinieblas
y los matices de sus sendas
que se abren entre los astros
como senderos encantados.

En mi mapa del cielo
puedo ver el resplandor de las estrellas
como un grueso entramado
salpicado de gotas de rocío
que son halladas de pronto
por un haz de luz mortecino.

En mi mapa del cielo
puedo ver constelaciones brillantes
salpicadas de astros innumerables
como anchas praderas de flores
mecidas por el soplo
de brisas galácticas.

En mi mapa del cielo
puedo ver estrellas fugaces
prendidas en la noche del mundo

como la lumbre de un candil
que deja a sus espaldas
una estela llameante.

En mi mapa del cielo
puedo ver planetas remotos,
puedo ver rocosos satélites,
puedo ver la nebulosa cambiante,
puedo ver la infinidad de la vida
y la inevitabilidad de su desenlace.

Sí, en mi mapa del cielo
puedo ver muchas cosas,
pero su estancia allí es efímera,
pues pronto son por el acero barridas
y caen en forma de gotas
sobre suelos de baldosas.

Pues rojas son las galaxias
y rojos son los planetas,
rojas las constelaciones
formadas por arreboladas estrellas,
rojo es el peso de la existencia
y el anhelo de deshacerse de ella.

Volar es la incertidumbre de los casi

He creído siempre en la magia
tras la palabra escondida,
ese encanto que contagia,
esa grandeza que enriquece la vida
para expresar lo inefable
y captar lo sublime,
transformar el sentir en palpable
aun cuando nos lastime.

He creído siempre en el poder
que la palabra lleva encerrada,
ese que te hace ascender
a los parajes del alma inspirada
y te descubre lo efímero de la vida
y lo inexorable de la muerte sin salida,
la certeza de los desenlaces
y la belleza de los instantes fugaces.

Pues soy yo un ser humano minúsculo,
una mota de polvo insignificante,
un ente que vaga sin rumbo
por un universo inconmensurable,
ignorante de muchas verdades,
sabedora de muy pocas cosas,
la mayoría de las cuales
son que sé muy pocas cosas.

Pero tengo la certeza
de saber la palabra más triste del mundo,
pues casi sentí demasiado hondo el acero,
casi lo dirigí al centro del pecho,

casi toqué la muerte con los dedos,
casi fui enviada a sus aposentos,
casi traspasé las lindes de la vida
para adentrarme allá donde no existe la medida.

Sé muy pocas cosas,
la mayoría de las cuales son que sé muy pocas cosas,
pero para mí casi siempre va a tener encerrada
una pena incapaz de ser expresada.

Volar es lo inexorable de la muerte

La muerte no es un engendro monstruoso,
vástago de bestias sin rostro,
cubierta de escamas de tinieblas
y batientes alas coriáceas
provista de acerados colmillos
y ojos envueltos en llamas
precedida por sombras de horrores
que no temen las luces del alba.

La muerte no es una tormenta
de densas nubes tronantes
que enfurece la vorágine
hasta elevarla en olas rugientes,
que te arrastran mar adentro
mientras nadas contra la corriente
vencida por la cólera de las aguas
y la inevitabilidad siempre latente.

La muerte es adentrarte en una laguna
de aguas de sueños y alegría
besadas por la bruma
de una aurora de dicha
avanzando constante,
pero sin prisa,
hasta hundirte del todo
sin abandonar la sonrisa.

Pues la laguna es la vida
y la beldad que nos brinda
en la que nos sumergimos gustosos
con la certeza de que algún día,

con el postrero latido,
nos hundiremos del todo,
pero que antes habremos sentido
la brisa de la plenitud en el rostro.

Volar es la certeza del desenlace

Me he adentrado en sombríos parajes
de rocosas pendientes
y en páramos áridos e inhóspitos
donde nada crece.

He atravesado desiertos baldíos
y tierras yermas e infértiles
de arenas cambiantes
que hasta el horizonte se extienden.

Me he internado en grutas sombrías
y cuevas sumidas en las sombras
hasta hondas cavidades
donde el terror dicta sus normas.

Me he deslizado por sendas bajo tierra
donde el día es solo una leyenda
acechada por seres de penumbra
y vagos espectros de niebla.

Me he perdido en el entresijo
de innominados terrores
donde se marchita el regocijo
y el corazón se infesta de temores.

Me he dejado arrastrar
a las profundidades de la tristeza,
donde siempre es de noche
y solo existe la pena.

He mirado a la muerte a los ojos
y he visto a una amiga
y le he rogado en silencio
que me acoja en su guarida.

He caído en un pozo
sin principio ni fin,
tan bajo y tan hondo
que olvidé cómo salir.

Me he quedado maltrecha,
herido el cuerpo y el alma
tan rota y tan hueca
que por dentro ya estaba muerta.

He caído tan bajo
que supe que este era el final,
pues había llegado tan hondo
que ya veía el desenlace fatal.

Vi sombras de pesadilla
y remolinos de tinieblas
y el antro de terror
de una noche sempiterna.

Pues aquel fue el final.
Pero le siguió un principio.

PARTE 3

Volar son los albores que disipan el espanto.
Volar es el aroma de primavera por la brisa arrastrado.
Volar es cicatrizar, sanar, volver a levantarse y coger impulso
para elevarse aún más alto.

Volar es el primer rayo del alba

Extraña la certeza
del corazón que no siente,
que huyó de sus monstruos
en una sombra convirtiéndose.

Extraña la certeza
del corazón que no siente,
que no teme al pasado,
pero su recuerdo aborrece.

Extraña la certeza
del corazón que no siente,
que deja marchitar el presente
cultivando un mañana inexistente.

Extraña la certeza
del corazón que no siente,
que transita la vida
en un estado inconsciente.

Extraña la certeza
del corazón que no siente,
que, aun envuelto siempre en la sombra,
se emociona al ver titilar una estrella.

Extraña la certeza
del corazón que no siente,
que de su letargo despierta
al disiparse la niebla.

Extraña la certeza
del corazón que no siente,
que espera que pase la noche
mientras sueña despierto.

Extraña la certeza
del corazón que ya siente,
que aguarda melancólico,
pero palpita impaciente.

Volar es dejar ir los recuerdos

Todo cuanto poseo
no es digno de alabanza
ni por fuera ni por dentro
ni aun con confianza,
mas entre mis escasas posesiones
destaca el lugar de mis sueños
donde entono canciones,
cuya grandeza es un secreto,
pues es, en apariencia, mundano,
el lugar al que me refiero,
un desván desvencijado
lleno de trastos de acero.

Mas aun en tan pobre ambiente
encuentro encanto en la estancia,
en las tinieblas de poniente
o a la luz de una hora dorada,
cuando las motas de polvo
son por el amanecer alcanzadas
y los despojos y el estorbo
revelan de pronto su gracia,
desde altivos atavíos de la más fina seda
hasta regias armaduras gloriosas antaño,
ornamentos traídos de otra tierra
y espadas fulgurantes de hierro forjado.

Esta es, pues, mi riqueza,
este es, pues, mi castillo,
aquí guardo con entereza
mi tesoro sencillo,
aquí me entretengo

rememorando sus historias perdidas,
la del más grande obsequio
y la de ofrendas derruidas
aquí lo guardo todo amparado
y ruego que me devuelva el olvido
aquello que me ha arrebatado
cual amparado en la noche bandido.

Mas he empezado a dudar
si es menester que prosiga,
pues esta tarea es quizás
una forma de estar retenida,
condenada a rememorar
historias del pasado,
a revivir las memorias
que mi mente han cercado,
abandonada en las mareas
de instantes de otros tiempos,
amarrada por las cadenas
que a mi corazón grilletes pusieron.

Tal es la importancia
de hacer sitio a lo nuevo,
tal es la importancia
de dejar que el tiempo deje mi desván
vacío de nuevo,
desaparecidos los objetos
que eran solo fantasmas,
desaparecido el dolor
que al pasado me ataba,
pues tal es la importancia
de vaciar de la mente
los recuerdos de inconstancia.

Volar es aprender a confiar de nuevo

En secreto albergo un tesoro
celosamente guardado
por guardianes sin rostro
que libran sin descanso
continuas batallas
y sangrientas escaramuzas
en combates sin pausas,
donde todos se entrecruzan,
los temores de la noche
y el suspiro del tiempo,
la locura que rompe
la quietud del silencio.

Mas mis guardianes siguen luchando
aún bajo una cúpula despejada,
con los ojos iluminando
la faz de su mirada,
aún bajo los bramidos
de una tormenta al acecho
que exhala rugidos
desde la oscuridad de su seno,
aún con su sangre cayendo
sobre las briznas de hierba
de la escarlata pendiente
que antaño fuera verde.

Prosigue la batalla
con el clamor de las armas
marcando la danza
de furiosas estocadas
emprendida en la noche latente

que ya apenas susurra,
pues incluso ella siente la muerte
y el fin que se augura,
pues todos perecen en la certeza
que no serán recordados,
todos persiguen una gloria
que escapa a sus manos.

Y yo me pregunto bajo el soplo
del viento que arrastra los restos
de sus cuerpos bañados en rojo
si la culpa de estos despojos
no será mía al negarles
la entrada a mi tesoro,
pues ya una vez quise dejarles,
ya una vez perdí todo mi oro,
ya una vez repuse mi riqueza
y la cerré de forma perpetua
en una acorazada fortaleza
donde la noche no tiene tregua.

Y yo me pregunto en el frío
de la calma tras la tormenta,
en las riberas del río
que antaño rojo no fuera,
si tal vez es mía la culpa
de perpetuar esta matanza,
pues ya perdí mi fortuna,
ya perdí la esperanza,
mas una vez es solo un recuerdo
negro cual tormenta de invierno,
pero que, al cabo, queda desierto
dejando a mi corazón confiar de nuevo.

Volar es el fulgor de la compañía

A todos nos ha pasado
de ir siguiendo un sendero
entre la espesura del bosque
franqueados por los troncos
que se erguían hasta el cielo
y entrelazaban sus ramas
en bóvedas de verde de consuelo.

La senda serpenteaba incansable
y la seguimos entre las matas de helechos
y los frondosos matorrales
que guarecían las raíces nudosas
de árboles centenarios
que nos alargaban sus manos rugosas.

Entonces, la macilenta luz de la tarde
que se filtraba entre las hojas
fue palideciendo despacio,
conforme el día que alumbra
languidecía y titilaba
hasta expirar en penumbra.

Se extendieron las sombras
y el manto de tinieblas
se deslizó sobre los bosques
sumiendo el camino
en la insondable negrura
de una noche sin luna.

Avanzamos a trompicones
cegados y perdidos,

no sabiendo adónde íbamos
ni de dónde veníamos,
nadando a tientas
entre un mar de tinieblas.

Se levantó entonces la brisa
y murmuraron las hojas
y los rumores despertaron
arrastrando brillos furtivos
de ojos vigilantes
y afilados colmillos.

Fue en ese momento
cuando más sentimos el anhelo
que en la soledad nos susurra
la necesidad de un amigo
que nos brinde consejo
y nos alumbre el camino.

El pesar fue imprevisto
y la respuesta a la llamada,
igualmente repentina,
pues entonces vimos la llama
de un destello que titilaba
y nuestro nombre susurraba.

Emprendimos de nuevo la marcha
tras el rastro de llamas
hasta salir a la planicie
que la luna bañaba
en ondulantes corrientes
de ríos de plata.

Pues la vida está poblada de bestias
y senderos solitarios,
pero también de centellas
y amaneceres dorados
y personas que iluminan
con la misma luz de los astros.

Volar es la grandeza de lo sempiterno

Se irguió en un tiempo lejano,
emplazado sobre una loma desnuda,
un palacio de legendario renombre
que aún hoy en día idolatran viejos y jóvenes.

Era un hermoso castillo
de grandiosas proporciones
coronado por torres infinitas
que las nubes rasgaban.

Su sombra extendían
sobre los regios salones
y el entresijo que formaban
pasadizos y puentes colgantes.

Estos se internaban
en el laberinto de salas
enmarcadas por elaborados pilares
que en las cúpulas se encontraban.

Vidrieras de luces y sombras
y tapices de trabajados grabados
adornaban los muros inmensos
que los candelabros alumbraban.

Todo ello cercaba las murallas,
que, orgullosas, se elevaban
en torno a la gloriosa morada
que sus señores habitaban.

Numerosas eran sus riquezas,
objeto de delirios y leyendas
que decían guardar custodiadas
en acorazadas cavidades bajo tierra.

Mas he aquí que este poderío
fue vencido en batalla,
en una sangrienta emboscada
de la que son testigos las estrellas.

Todas las cámaras fueron arrasadas
y pasados por la espada
los pocos defensores que encontraran,
pero hubo dos cosas que no fueron halladas.

Pues la mayor parte del pueblo
conservó intactas sus vidas
huyendo en la más negra noche
por túneles que ya hace tiempo son ruinas.

Y las salas donde las riquezas se hallaran,
esas que los bandidos ansiaran,
no fueron nunca encontradas
y su memoria cayó al vacío, olvidada.

Pues las riquezas eran las propias personas
que en la hora más funesta escaparan
provistas solo de la piel que habitaban
y el amor que se profesaban.

Y es que los grandes castillos
están hechos de arena,

barridos, al cabo,
por el tiempo y sus mareas.

Se levantan gloriosos
y caen en la ruina,
dicen resistirlo todo,
hasta la hora de desdicha.

Pero el amor es una fuerza
que todo lo puede,
pues la huella que deja
es del todo indeleble.

Cambian los mundos
y las vidas van y vienen,
pero el amor que sintieran
en su legado permanece.

Habrá tormentas de desventuras
y rugirán vientos de horrores,
caerán los recuerdos de nuestras vidas
bajo el peso de los eones.

Pero siempre quedará viva la marca
que hemos tallado en los pilares del tiempo,
pues nosotros somos volubles,
pero el amor es sempiterno.

Volar es la belleza de la vida

Mucho tiempo he albergado
el miedo al envejecimiento,
temerosa de perder la vitalidad
que ahora abunda en mi cuerpo,
y la salud deslumbrante
que el paso de los años deteriora
temiendo que se arrugue la piel,
que ahora es lisa y uniforme,
y mis ojos pierdan el brillo
que a la juventud corresponde.

Mas entiendo ahora que mi temor
es bien infundado,
pues aun si la agilidad me abandona,
mi corazón seguirá amando;
aun si mi salud empeora
la habré aprovechado a lo máximo
y en el mapa de mis arrugas
habré escrito todo lo que he disfrutado
y mis ojos no habrán perdido su brillo,
sino que habrá solo cambiado.

Pues no quiero temer
el abrazo de la muerte,
ya que el final del camino
no es más que la llegada al destino
en un viaje que sin saber
todos al nacer emprendimos,
y quiero decir, cuando a anciana ya llegue:
«He llorado a pleno pulmón y a mares reído;
he amado a montones y sin condiciones,
y por ello puedo decir: he vivido».

Volar es el aroma de una nueva primavera

Se vistió el Mundo de seda y encaje,
de colores vivos y joviales,
adornó su cabellera con flores fragantes
y los aromas del bosque le hicieron de perfume.
Atravesaba yo entonces una época oscura
de colores sin matices y carencia de olores,
no pude apreciar la forma de las flores
y el Mundo cambió sin yo advertirlo siquiera.

Se vistió el Mundo con atavíos luminosos,
ribeteados de plata y oro brillante,
se prendió en ellos relucientes alhajas
y entrelazó su cabello con piedras preciosas.
Atravesaba yo entonces momentos angustiosos,
de dudas y pesares y espantos sin nombre,
no pude apreciar la calidez de los rayos
y el Mundo cambió sin yo advertirlo siquiera.

Se vistió el Mundo con terciopelo ondulado,
escarlata, pardo y anaranjado
se puso abalorios de hojas caídas
y prendió en su cabello bayas silvestres.
Atravesaba yo entonces una época transitoria
de reponer viejas heridas y desterrar malos recuerdos,
pude apreciar una parte de su encanto
y el Mundo cambió delante de mis ojos.

Se vistió el Mundo con gruesas prendas de lana
de blanco inmaculado y plata delicada,
se abrigó con una capa forrada de piel
y perlas fulgurantes enredó en su cabellera.

Atravesaba yo entonces una etapa de sanación,
de reconciliarme con la vida y el pasar de los tiempos,
pude apreciar de nuevo la belleza del invierno
y el Mundo cambió ante mi mirada de entendimiento.

Volvió a sacar el Mundo sus vestiduras de seda y encaje,
de nuevo las prendas de colores vivos y joviales,
adornó su cabello con nuevas flores fragantes
y los aromas del bosque le hicieron de perfume.
Atravesaba yo entonces el resurgir de la esperanza,
un estado de gozo que a todo sobrepasa,
aprecié en su esplendor la luz de primavera
y el Mundo cambió. Y yo cambié con él.

Volar es la sanación del paso del tiempo

Las mareas se ondulan
embravecidas y revueltas
y se elevan en murallas de olas
coronadas de espuma acendrada
que se precipitan furiosas
hacia las orillas lejanas.

Como exhalaciones abruptas
se deslizan sobre las arenas
rugiendo y bramando
hacia los acantilados desnudos
siguiendo el compás de la música
de una danza colérica.

Las olas embisten con fuerza
en poderosas estocadas
hacia las blancas orillas
y los acantilados escarpados
que no quiebran de golpe,
pero erosionan despacio.

Pues con demora y reposos
no hay mal que no ceda
ante el pasar de los tiempos
que antaño trajeran la desdicha,
ahora reducida a escombros
por el perseverar que todo revitaliza.

Volar es la flor de la esperanza

Se extiende sobre el mundo
el frío manto del invierno
y envuelve en su abrazo
toda vida que encuentra a su paso,
mas dentro de la escarcha
la flor late con vehemencia
a la espera
de una nueva primavera.

Pues el mundo se cubre
de atavíos de blanco inmaculado,
se alargan las noches sombrías
y los vientos soplan más fríos
y el cielo derrama
torrentes de lágrimas
y la tierra es barrida
por una gelidez sin medida.

Los árboles desprenden
las postreras hojas otoñales
que arrastran brisas glaciales
dejando las ramas desnudas
y el frío ahuyenta la vida
que se guarece y se aísla
sintiendo sobre la piel
las invernales caricias.

Pero la flor sigue latiendo
aun en las horas más sombrías
al compás de delirios de luz
y cálidas fantasías

entonando canciones
de sueños y cadencias,
siguiendo la música
de danzas venideras.

Pues la esperanza es una flor
que rehúye marchitarse
aun bajo la sombra del invierno
y las tinieblas de medianoche
teniendo un sueño en el alma
y en el corazón la certeza
de que las sombras se acabarán disipando
y amanecerá una dorada primavera.

Volar es el resplandor de la dicha

La felicidad no es un retazo de neblina
que aparece con las nieblas matutinas,
no es una bruma fugitiva
que persigues, incansable,
pero que, al ser alcanzada
por tu mano extendida,
se disipa entre los dedos
cual fugaz sueño vespertino.

La felicidad no es el sol de la mañana
que brilla incandescente
y desprende llamaradas de oro
al posarse en su cénit,
pues al cabo languidece
y se ofusca su brillo
y se retira moribundo
a expirar en su lecho.

La felicidad no es la alta cima
coronada de nieve inmaculada
de una inconmensurable montaña
que escalas bajo el soplar de la brisa,
pues, a cada paso que das,
la cresta se aleja más de tu vista
y tu marcha se torna ardua y laboriosa
hasta caer, al fin, de fatiga.

La felicidad es la luz de las estrellas,
fuente de venturas y dichas,
resplandor inefable y etéreo,
sueño de luz sempiterno,

que no adviertes ni en el transcurso del día
ni en las noches nubladas y sombrías,
pero que, sin tratar de alcanzarla,
en el corazón siempre te acompaña.

20 impulsos para abrir las alas

Aunque el cielo se oscurezca
y rujan las nubes
y soplen los vientos
y se acerque tormenta,
la noche es efímera
y el sol siempre llega.

Aunque el cielo se oscurezca
y retumben los truenos
y fulguren los rayos
y se cierna la tormenta,
la noche es efímera
y el amanecer siempre regresa.

Aunque el cielo esté ya oscuro
y llueva y diluvie
y las mareas se revuelvan
y las olas se enfurezcan,
la noche es efímera
y la luz ya está cerca.

1. Cada tropiezo en la oscuridad es un paso más cerca del amanecer.
2. La libertad consiste en apreciar tus alas y amar con las alas abiertas.
3. La resiliencia es esperar, tras la más negra noche, el resplandor de un sol más brillante.
4. La felicidad no es el tesoro al final del camino, sino aquello que se nos escapa al intentar caminar más rápido.
5. Los sueños son las flores que plantamos en el jardín del mañana.
6. Caer es la forma en que los pies se fortalecen para llevarnos aún más lejos.
7. La cabeza es un mapa que todo lo marca, pero el corazón es la brújula que guía tus pasos sin decirte el destino.
8. La vida es darse cuenta de que, aunque no puedas tocar las estrellas, su luz se refleja en los ojos de las personas que iluminan tus sendas.
9. Sentir es padecer, sentir es amar, sentir es aceptar que de amor se padece, pero del dolor aprendes a amar aún más.
10. La vida siembra sueños mientras los sueños florecen la vida.
11. El amor es el único regalo que damos a la par que recibimos, no se compra, no se vende, y de precios nada entiende, pero por todos es sabido que no hay nada más preciado.
12. Perdonar es disipar las neblinas que pertenecen al pasado.
13. Crecer es darse cuenta de que nada de lo que vives durará para siempre, pero que todo habrá merecido la pena si lo vives al máximo.
14. La paz son las alas que nos regala la vida al amar sin juzgar.
15. La alegría son los brillos furtivos que sanan los corazones heridos.
16. La familia es la casa que construyes desde los cimientos del amor.
17. Soñar es elevarte hasta las nubes con los pies en la tierra.
18. La esperanza es una luz que alumbra el más funesto sendero.
19. La pena es la forma en que se aprecia el resplandor de la dicha.
20. Volar es ayudar a alzar el vuelo mientras dejas que te eleven.

Todas las formas de volar

He tardado en sanar
y he sanado despacio,
pues solo pensaba en caminar
y cargar los fantasmas del pasado,
pero me voy deshaciendo de las ataduras
y de los temores que mi corazón marchitaban
y hoy emprendo el camino
que me dictan las alas.

Volar es un sueño
del que despiertas complacido,
con la sonrisa en la cara
sin recordar el motivo.
Volar es un poema
que cantas al viento,
no sabes los versos,
pero sigues sus latidos.

Volar es pintar los colores
de las luces del alba
en el lienzo de instantes
que la vida nos regala.
Volar es bailar en la noche
y contar las centellas
y tener el cielo en las manos,
pero regresar a tu estrella.

Volar es caminar bajo la lluvia
y sentir en el rostro la brisa,
derramar torrentes de lágrimas,
pero que sean de risa.

Volar es amar sin barreras
a la gente, a la vida,
volar es gritar que eres libre
y que la respuesta sea tu alegría.

Volar es caer, herirse
y romperse en mil pedazos.
Volar es sangrar, padecer
y hundirse hasta el suelo.
Volar es cicatrizar, sanar, volver a levantarse
y coger impulso para elevarse aún más alto.
Volar es ayudar a alzar el vuelo
mientras dejas que te eleven.

Agradecimientos

A mis padres, que fueron la brisa constante
que me ayudó a elevarme.
A las personas que conocí en el proceso,
luces fatuas que alumbraron mi sendero.
A ti, porque lo mejor de un vuelo
es compartir la ilusión de emprenderlo.
A la vida, porque al reír y al llorar,
descubrí todas las formas de volar.

Índice